Dixit Simeon ad Maria

I. – II.

Hristo Tsanov

ISBN-13: 978-1542316514
ISBN-10: 1542316510

CONTENTS:

Hristo Tsanov

Dixit Simeon ad Maria

Dr Hristo Tsanoff, DM

© Hristo Tsanov

Dixit Simeon ad Maria

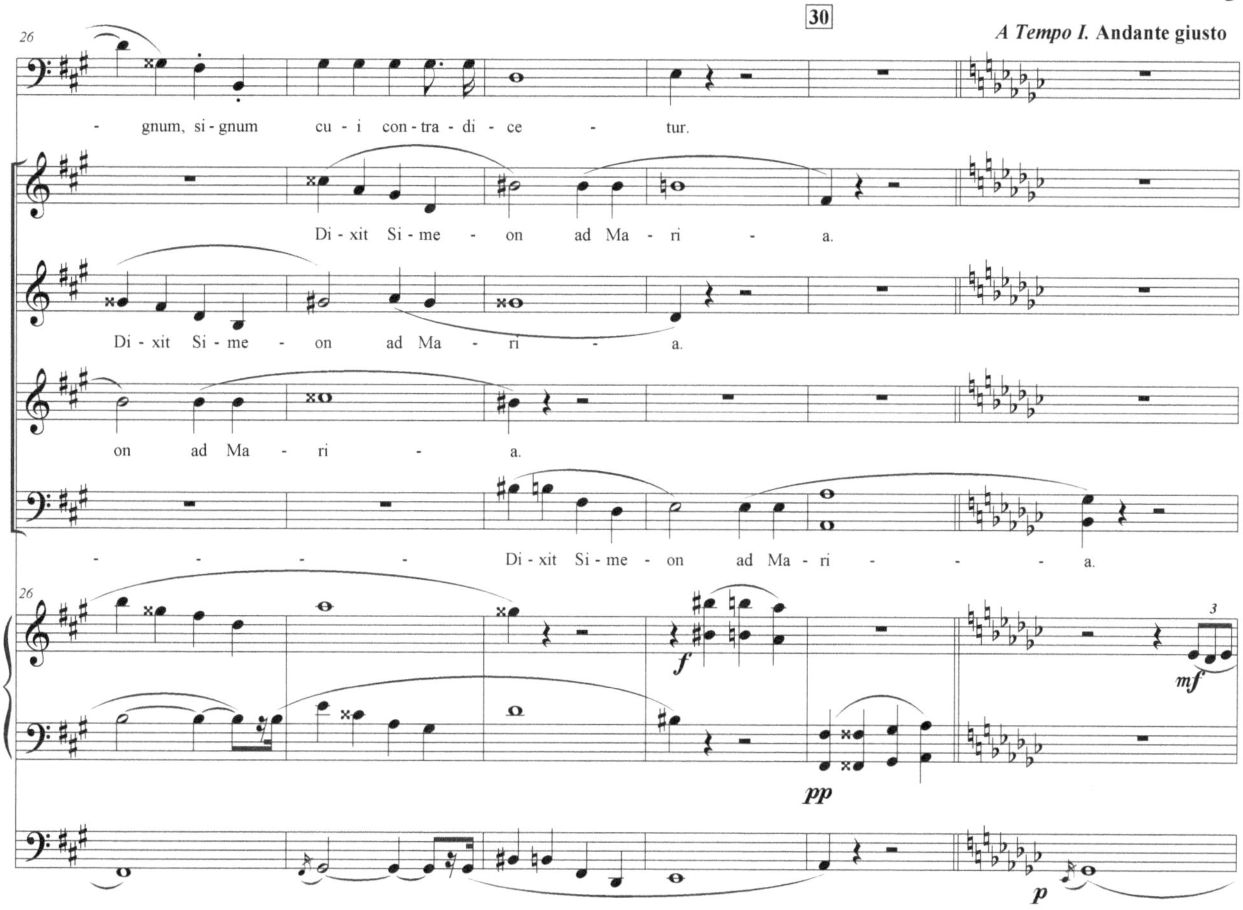

A Tempo I. Andante giusto
Bs.
- gnum, si - gnum cu - i con - tra - di - ce - tur.
S
Di - xit Si - me - on ad Ma - ri - a.
A
Di - xit Si - me - on ad Ma - ri - a.
T
on ad Ma - ri - a.
B
Di - xit Si - me - on ad Ma - ri - a.
Org.
f
mf
pp
p
S
Di - xit Si - me -
A
Di - xit Si - me - on ad Ma
T
Di - xit Si - me - on ad Ma - ri -
Org.
mf
mf
mf
mf
mf

Dixit Simeon ad Maria

Bs.
di - us
ut re-ve - len - - tur ex
A
Di - xit Si - me -
T
Di - xit Si - me - on ad Ma -
B
a.
Org.
mf
mf
mf
mf
mf
mf
p

Bs.
mul - tis cor - di - bus
co - gi - ta - ti - o - - nes.
allarg.
S
Di - xit Si - me - on ad Ma - ri - - a.
A
on ad Ma - ri - - a
T
ri - - a
B
Di - xit Si - me - on ad Ma - ri - - a.
Org.
f
pp
p
p
p

Dixit Simeon ad Maria

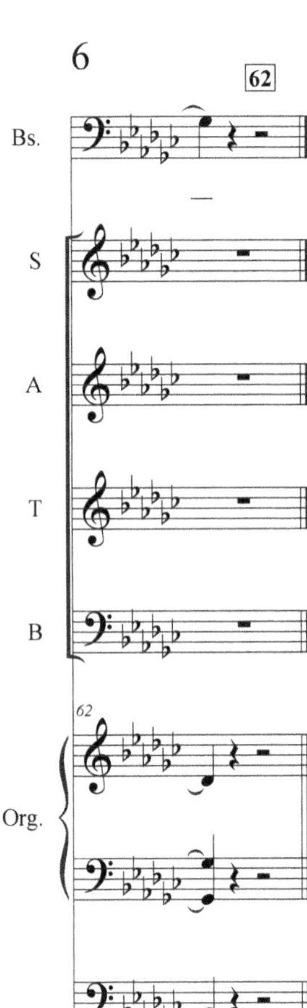

*07 December 2016, Wednesday - 09 December 2016, Friday
villa "Lina", v.Emona, Bulgaria*

Dixit Simeon ad Maria

II.

Dr Hristo Tsanoff, DM

Vigoroso

Dixit Simeon ad Maria II.
dim.
S I.
S II.
A I.
A II.
Org.
di - xit Si - me - on ad Ma - ri - a.
di - xit Si - me - on ad Ma - ri - a.
di - xit Si - me - on ad Ma - ri - a.
di - xit Si - me - on ad Ma - ri - a.
mf
p
p
p
f
Di - xit, di - xit Si - me -
Di - xit, di - xit Si - me -
Di - xit, di - xit Si - me -
Di - xit, di - xit Si - me -
mf
p
f
© Hristo Tsanov

S I.
S II.
A I.
A II.
Org.
on ad Ma - ri - a.
on ad Ma - ri - a.
on ad Ma - ri - a.
on ad Ma - ri - a.
dim.
mf
p
f
f
f
f
p
p
p
p
T I.
Org.
Pochissimo piu mosso
Ec - ce
p
p
p
p
p
p
f
f
f
f

S I.
Di - xit
S II.
Di - xit,
A I.
Di - xit
A II.
Di - xit,
T I.
po - si - tus est
T II.
Ec - ce po - si - tus est
B I.
Ec - ce
Org.
p p p p
f f f f

S I.
Di - xit,
S II.
Di - xit
A I.
Di - xit,
A II.
Di - xit
B I.
po - si - tus est
B II.
Ec - ce po - si - tus est
Org.
p
p
p
p
f
f
f
f

30
S I.
S II.
A I.
A II.
T II.
B I.
B II.
Org.
di - xit
Di - xit,
Di - xit
di - xit
Di - xit,
mul - to - rum in
et in re - sur - re - cti - o -
hic in ru - i - nam.
p
p
p
p
f
f
f
f

S I.
Si - me - on ad Ma -
S II.
Di - xit,
A I.
Si - me - on.
A II.
Di - xit
T I.
I - sra - el
T II.
I - sra - el
B I.
nem. I - sra - el
B II.
I - sra - el
Org.
p p p p
f f f f

S I.
ri - a
S II.
Si - me - on ad Ma - ri -
A I.
ad Ma - ri - a
A II.
Si - me - on ad Ma -
T I.
et in si - gnum cu - i con - tra di - ce -
T II.
con - tra di - ce -
B I.
et in si - gnum cu - i con - tra - di - ce -
B II.
con - tra - di - ce -
Org.
p p p p
f f f f

A Tempo I. Vigoroso
S II.
A II.
T I.
T II.
B I.
B II.
Org.
a.
ri - a.
tur.
tur
tur.
tur.
tur.
mf
mf
mf
mf
p
p
p
p
p
p
p
f
f
f
f

Dixit Simeon ad Maria II.

© Hristo Tsanov

dim.
S I.
di - xit Si - me - on ad Ma - ri - a.
S II.
di - xit Si - me - on ad Ma - ri - a.
A I.
di - xit Si - me - on ad Ma - ri - a.
A II.
di - xit Si - me - on ad Ma - ri - a.
Org.
dim.
p p p p
f f f f
Org.
mf p p mf
p p p
f f f

Dixit Simeon ad Maria II.

© Hristo Tsanov

A I.
A II.
B I.
B II.
Org.
di - xit,
di - xit
di - xit,
mam
per - tran - si - vut gla - di - us,
ut re - ve
S I.
S II.
A I.
B I.
B II.
Org.
di - xit, Si -
di - xit,
di - xit
di - xit, Si -
len - tur ex mul - tis cor - di - bus..
et re - ve -

S I.
me - - on ad Ma - ri -
S II.
di - xit, Si -
A I.
- me - on. ad Ma
A II.
di - xit Si -
T I.
ut re - ve - len - tur ex
T II.
ut re - ve - len - tur
B II.
len - tur ex mul - tis cor - di - bus
Org.
p p p p
f f f f

S I.
S II.
A I.
A II.
T I.
T II.
B I.
B II.
Org.
a
me - on ad Ma - ri - a.
ri - a
- me - on ad Ma - ri -
mul - tis cor - di - bus - co - gi - ta - ti - o -
ex mul - tus cor - di - bus - ta - ti - o -
co - gi - ta - ti - o - -
co - gi - ta - ti o - - -
p
p
p
p
f
f
f
f

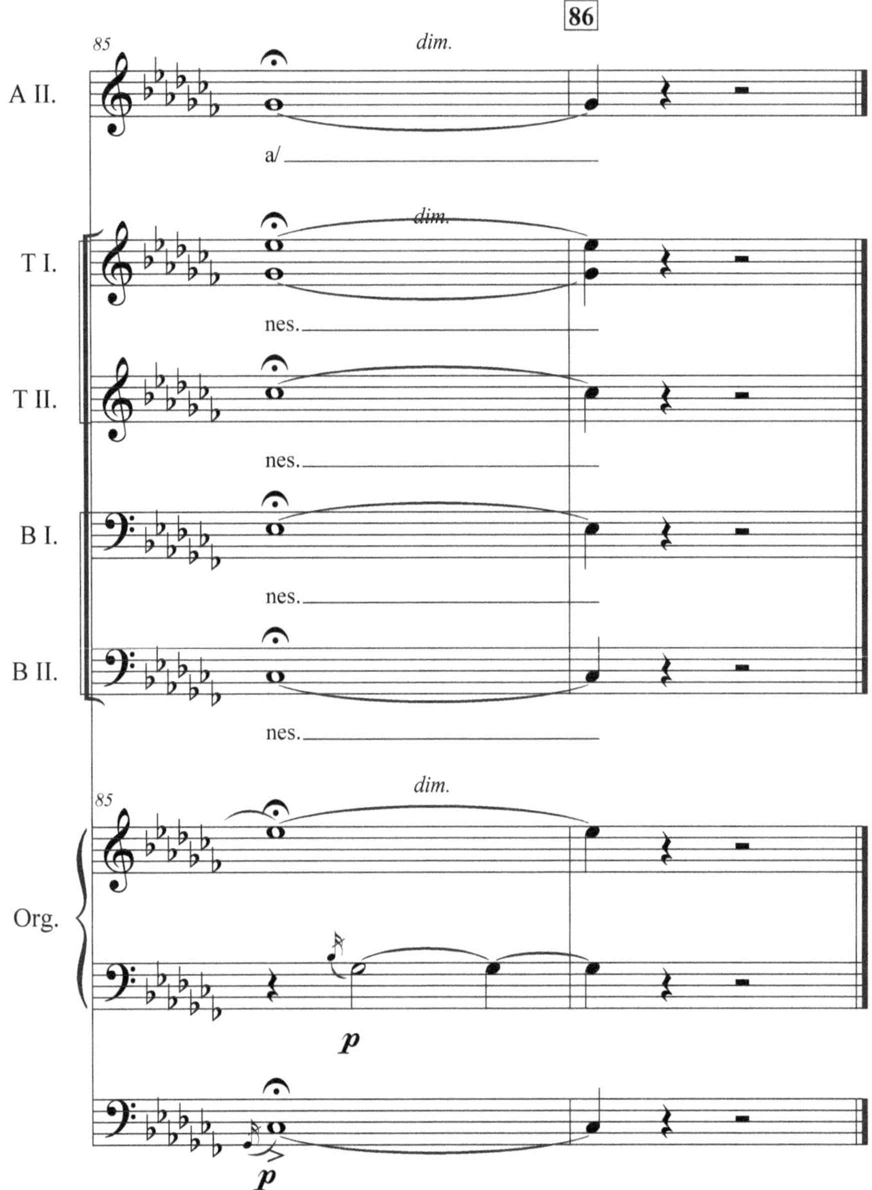

17 December 2016, Saturday - 19 December 2016, Monday
Sofia, Bulgaria